AF279761

Renate Sültz

Gedichte für Dich

BoD - Books on Demand

Norderstedt 2016

Bibliografische Information durch die Deutsche Nationalbibliothek

Die Deutsche Nationalbibliothek verzeichnet diese Publikation in der Deutschen Nationalbibliografie; detaillierte bibliografische Daten sind im Internet über http://dnb.dnb.de abrufbar.

Herstellung und Verlag:

BoD – Books on Demand, Norderstedt

ISBN 9-78383-9-14266-0

Weisheit.

Weise wird man nicht mal eben.

Uns prägt das Leben lange Zeit.

Es kommt drauf an, was wir erleben.

Oft ist der Weg sehr weit.

Sind wir den langen Pfad gegangen,

kommt die Weisheit mit ins Spiel.

Das Leben kann nichts mehr verlangen.

Weise werden war unser Ziel.

Wer weise wird in seinem Leben,

ist selig bis zum Schluss.

Sein Wissen wird er weiter geben.

Wenn er für immer gehen muss.

Liebe

Ich bin froh, dass ich Dich gefunden.

Jahre sind vergangen ohne Dich.

Sehnsucht hatte ich viele Stunden.

Mit Deinem Wesen erfreust Du mich.

Du bist so rein in Deinem Denken.

Warmherzig und gut.

Will Dir mein Herz schenken.

Immer wieder machst Du mir Mut.

Toleranz, Glaube und Vertrauen.

Sind der guten Dinge drei.

Auf diese kann ich bauen.

Alles andere ist einerlei.

Gottes Wege.

Alle Wege, die wir geh'n.

Von der Geburt bis zum Schluss.

Wird nur einer gut versteh'n.

Nur Gott es wissen muss.

Die meisten Wege führen zum Ziel.

Langsam und mit Bedacht.

Dulde dein Schicksal still.

Das Gute über deine Seele wacht.

Suche nicht nach Liebe.

Dann hast du schon gewonnen.

Vergessen sind Schmach und Hiebe.

In deinem Glück wirst du dich sonnen.

Frühlingsgedanken.

Frühlingsgefühle, leises Erwachen.

Süße Düfte und zärtliche Gedanken.

Vogelgezwitscher, Menschen lachen.

Sonnenschein und Blumenranken.

Im Frühling hab ich Dich gesehen.

Habe es fast nicht geglaubt.

Das wir den Weg zusammengehen.

Ja, Du bist die Jahreszeit der Wonne.

Hast mir den Verstand geraubt.

Ach Frühling bleib' doch hier.

Du gibst meinem Herzen Sonne.

Drum sei es, wie es will.

Glücksgefühle bringst Du mir.

Bald ist er wieder da.

Der Frühling kommt ganz still.

Macht deine Träume war.

Liebe

Seite an Seite gehe ich mit Dir.

Wir sind füreinander da.

Du weißt, ich bleibe hier.

Mein Traum wurde wahr.

Der Weg ist hart und steinig.

Doch wir werden das Ziel erreichen.

Darum sind wir uns einig.

Nie mehr werde ich von Deiner Seite weichen.

Viel haben wir geweint.

Weil man uns wehgetan.

Jetzt kämpfen wir vereint.

Und vergessen irgendwann.

Nur Du

Liebster ich bin für Dich da.

Mein Leben geb' ich Dir.

Immerwährend Jahr für Jahr.

Ich weiß Du bleibst bei mir.

Wir müssen nun nach vorne schauen.

Nicht gut war die Vergangenheit.

Auf unseren Glauben müssen wir bauen.

Bald beginnt eine neue Zeit.

Leg ruhig Dein Herz in meine Hände.

Und denke stets daran.

Jetzt kommt für uns die Wende.

Ich ohne Dich nicht leben kann.

Das All

Das All steckt voller Kraft.
Einstein hatte eine Theorie.
Dunkle Energie, die Großes schafft.
Einerlei im Universum gibt es nie.

Quasare und Konstanten.
Gaswolken weit und breit.
Schwarze Löcher und auch Quanten.
Was ist Raum und was ist Zeit?

Aus Atomen sind auch wir.
Alles ist so fern.
Gern bin ich auf der Erde hier.
Doch auch Kometen mag ich gern.

Der Weltraum lacht.

Unendliche, nie endende Weiten.
Neue, riesige Galaxien.
Enorme Forschungsarbeiten.
Ich möchte ins Universum fliehen.

Niemals werden wir es ganz entdecken.
Ist unser Drang auch noch so groß.
Doch könn'n wir sehen Sonnenflecken.
Das All lässt mich nie mehr los.

Wir sind uns erst nach Jahren sicher.
Vieles kennen wir nun.
Aus dem Weltraum hören wir Gekicher.
Was die da oben bloß wieder tun?

Verzweifelt

Einsam sitze ich am See.

Habe alles verloren.

Das Gefühl, es tat sehr weh.

Wäre ich doch nie geboren.

Doch plötzlich sagt mir eine Stimme.

Reiß dich zusammen und mach weiter.

Riesige Berge ich nun erklimme.

Mein Gemüt wird wieder heiter.

Auch wenn es ausweglos erscheint.

Grübele nicht und habe Mut.

Viel zu viel hast du geweint.

Es wird alles wieder gut.

Planetensehnsucht.

Mond, Mars und Sonne.

Ich brauche eure Kraft.

Euch zu sehen ist eine Wonne.

Ihr gabt mir Lebenssaft.

Merkur und die schöne Venus.

Sind weit weg von mir.

Doch nehmen sie Einfluss.

Beschützen mich auf der Erde hier.

Saturn mit deinen großen Ringen.

Wie viel Kräfte du doch hast.

Dir werde ich ein Loblied singen.

Wer dich nicht kennt, hat was
verpasst.

Ach, Jupiter du gibst mir viel.

Auch wenn ich dich nicht sehe.

Dich zu besuchen wär mein Ziel.

Doch komm ich nie in deine Nähe.

Advent

Ruhe und Frieden bringt der Advent.

Zufriedenheit und Glück.

Heute die erste Kerze brennt.

Das Fest rückt näher ein Stück.

Bald werden die Kinder Augen machen.

Freuen sich auf den Baum.

Fröhlich hört man sie dann lachen.

Tannenduft erfüllt den Raum.

Es wird eine besinnliche Zeit.

Die uns nachdenken lässt.

Wir schwelgen in der Vergangenheit.

Und wünschen allen ein frohes Fest.

Liebe

So nah sind wir uns jeden Tag.

Doch vermisse ich dich oft.

Kaum zu sagen, ich es wag.

Du wüsstest es, hab ich gehofft.

Wie so oft, irre ich mich hier.

Ich muss dich nicht vermissen.

Stets bist du doch bei mir.

Ich sollte es ja wissen.

Ich will mit dir noch viel erleben.

Will dich schützen immerfort.

So vieles will ich dir noch geben.

Liebe ist nicht nur ein Wort.

Die Seele

Himmelwärts strebt meine Seele.

Seit ich bin auf dieser Welt.

Die Zeit auf Erden ich doch wähle.

Mein Leben Gott in Händen hält.

Wir müssen gehen irgendwann.

Dann fliegt unser Geist davon.

Es kommt etwas, was keiner wissen kann.

Schön ist es, das glaub ich schon.

Dort oben, treffen sich die Seelen.

Sie wollen mit vereinter Kraft.

Das wir den Frieden auf Erden wählen.

Denn eine Lücke zwischen den Menschen klafft.

Liebe

Warm ist es an Deiner Brust.

Soviel Liebe strahlst Du aus.

Oft hab ich große Lust.

Will mit Dir weit hinaus.

Etwas Besonderes bist Du.

Hast Gutes in Deinem Herzen.

Willst nur noch Deine Ruh.

Und keine Seelenschmerzen.

Kann nichts mehr tun ohne Dich.

Bin süchtig nach Deiner Zärtlichkeit.

Auch Du kannst nicht sein ohne mich.

Mit Dir kam eine schönere Zeit.

Liebe

Liebe heißt verzeihen und in die gleiche Richtung schauen.

Freude genießen und teilen.

Respektieren und Vertrauen aufbauen.

In Augenblicken der Gefühle verweilen.

Die Stärken des anderen entdecken.

Treu sein bis zum Schluss.

Sich aus Freude necken.

Und überraschen mit einem Kuss.

Glücklich sein, dass man sich liebt.

philosophieren und verstehen.

Das man alles für den Partner gibt.

Mit ihm den Weg des Lebens gehen.

Dein Herz

Du bereicherst jeden Tag mein Leben.

Hätte nie gedacht, dass es das gibt.

Es macht Freude, dir alles zu geben.

Mein Herz dich braucht und immer liebt.

Gott hat dich geschaffen, so wie du bist.

Nur die wirkliche Schönheit wohnt in dir.

Es ist gut, so wie es jetzt ist.

Mein Leben gehört nur dir.

Zufällig sah ich dich und dachte.

Dein Herz sitzt am rechten Fleck.

Ich verliebte mich und lachte.

Mit ihm will ich weg, weit weg.

Als ich dann endlich bei dir war.

Fühlte ich mich wohl bei dir.

Nun sind wir ein Paar, schon ein paar Jahr.

Ich habe dich für immer, du gehörst zu mir.

Nur noch leben

Lange will ich mit Dir leben.

Dich lieben und mit Dir glücklich sein.

So viel will ich Dir geben.

Ich gehöre Dir, mein Herz ist rein.

Stets kannst Du Dich auf mich verlassen.

In der guten und in der schlechten Zeit.

Auch wenn's die anderen können nicht fassen.

Doch es ist für uns Vergangenheit.

Gott wollte, dass wir zusammenkamen.

Er dachte sich so viel dabei.

Ich fühl mich wohl in Deinen Armen.

Nur Frieden wollen wir Zwei.

Der Mops

Unser Mops wird immer breiter.

Er frisst und pupst den ganzen Tag.

Ihn zu ermahnen bringt uns nicht weiter.

Er doch so gerne Kuchen mag.

Lieb ist er auf alle Fälle.

Macht uns Freude immer wieder.

Gehorcht, ist schnell zur Stelle.

Springt auf und wieder nieder.

Ein schöner Hund, das ist er nun.

Gestromt mit einem Schwarzgesicht.

Den ganzen Tag hat er zu tun.

Ist er auch dick, es stört uns nicht.

Der Birnbaum

Prächtig wächst er stets nach oben.

Er gibt uns Obst einmal im Jahr.

Werd' ihn immer dafür loben.

Er hat eine Seele, das ist wahr.

Kommt dann die Zeit der Ernte
dran.

Ist die Arbeit riesengroß.

Ich komm nicht an die Früchte ran.

Mein Gott, was mach ich bloß.

Die schönsten Birnen sind versteckt.

Hoch oben in des Baumes Krone.

Den Vögeln auch das Obst gut
schmeckt.

Doch was sie picken, ist nicht ohne.

Drum pfleg ich ihn, den tollen
Baum.

Alle sollen die Früchte essen.

Denn diese Birnen sind ein Traum.

Den Birnbaum werd' ich nie
vergessen.

Der Kaffee

Jeden Morgen das gleiche Spiel.

Ich komm schlecht aus dem Bette.

Alles ist mir dann zu viel.

Doch es gibt Hilfe, jede Wette.

Ich hole die große Kaffeedose

Und fülle den Filter mit Kaffee.

Das Wasser tröpfelt dann schön lose.

Bis ich die braune Brühe seh'.

Nun schlürfe ich in aller Ruhe.

Meinen Kaffee mit Bedacht.

Zieh an die alten Arbeitsschuhe.

Jetzt bin ich fit, wär doch gelacht.

Die Rose

Stolz wächst sie in meinem Garten.

Die schönste Blume der Natur.

Ich muss sie haben, kann gar nicht warten.

Doch warum sticht die Rose nur?

Sie ist für Liebe das Symbol.

Betörend ihr Geruch.

Fühl mich in ihrer Nähe wohl.

Kann von ihr haben nie genug.

Schenkt mir mein Schatz mal einen Strauß.

Bin ich noch mehr verliebt.

Schnell hol ich eine Vase raus.

Wie schön, dass es die Rose gibt.

Bin ich von hier?

Aus dem Universum komme ich.

Fühl mich auf der Erde allein.

Schau nach oben und frage mich.

Das kann doch aber gar nicht sein.

Schon lang ist dies Gefühl in mir.

Es tut auch manchmal weh.

Ich weiß ja, dass ich nicht von hier.

Wenn ich die Sterne am Himmel seh'.

Mit dem Gedanke muss ich leben.

Mich fügen in dieser Welt.

Wird' alles auf der Erde geben.

Hier liebt man mich und nur das zählt.

Planetenliebe.

Mond, Mars und Sonne.
Ich brauche eure Kraft,
Euch zu sehen ist eine Wonne.
Ihr gabt mir Lebenskraft.

Merkur und die schöne Venus.
Sind weit weg von mir:
Doch nehmen sie großen Einfluss.
Beschützen mich auf der Erde hier.

Saturn mit deinen großen Ringen.
Wie viel Kraft du doch hast.
Dir werde ich ein Loblied singen.
Wer dich nicht kennt hat was verpasst.

Ach, Jupiter du gibst mir viel.
Auch wenn ich dich nicht sehe.
Dich zu besuchen wär mein Ziel.
Doch komm ich nie in deine Nähe.

Unendlichkeit.

Schwarze Löcher, Galaxien.
Strings und Dimensionen.
Geheime Dinge woll'n wir sehen.
Könnten dort auch Menschen wohnen.

Fremde Welten, Parallelen.
Dunkle Materie weit und breit.
Wenn ich könnte, würd ich wählen.
Und reisen in die Vergangenheit.

Faszinierend ist der dunkle Raum.
Er ist unglaublich, mächtig und weit.
Milliarden Sterne, man glaubt es kaum.
Wir werden noch reisen in eine andere Zeit.

Unsere Erde

Warum sehen wir den Reichtum nicht,

den sie uns gegeben.

Schutz und Nahrung, sie uns verspricht.

Genügend Platz zum Leben.

Doch beuten wir die Erde aus.

Wissen wir nicht was wir tun?

Holen Gold und Edelstein heraus

und lassen sie nicht mehr ruh'n.

Wir müssen schützen diese Welt.

Sie ist das einzige Paradies.

Die Anmut dieser Erde zählt.

Sie zu bestehlen ist so mies.

Pulsare

Pulsare flackern ständig.
Fremde Welten tun sich auf.
Der Kosmos ist so lebendig.
Auch Kugelsterne gibt's zu Hauf.

Riesige Galaxienhaufen.
Explosionen überall.
Kosmonauten sich die Haare raufen.
Eine Supernova im Weltenall.

Ich stell nun weg, mein Teleskop.
Hab heute viel gesehen.
Wie Rosetta sich vor Tschuri schob.
Sah Kometen durch die Lüfte weh'n

Gewaltige Explosionen.

Gewaltige, riesige Explosionen.
Big Rip und Neutronenstern.
In's Universum schauen wird sich lohnen.
Auch wenn alles so unendlich fern.

Gab es den Urknall?
Gibt's Kelvin Druck und Energie?
Das alles gab's auf jeden Fall.
Auch die Andromeda-Galaxie.

Die Planeten sind nicht erreichbar.
Und Lichtjahre entfernt.
Ja, es ist so wunderbar.
Doch viel hab ich gelernt.

Die Unendlichkeit

In einer weit entfernten Zeit,

als das Universum noch leer.

Gab's kosmische Blitze, weit und breit.

Endlos lang ist es schon her.

Viele Universen gibt es nun.

Tausende von Galaxien.

Die Astronomen haben viel zu tun.

Können in ihre Welt entfliehen.

Gibt es Menschen ganz weit oben,

im Universum irgendwo?

Hat sich denn alles nur verschoben?

Wir müssen warten, sowieso.

Unsere Erde

Planeten hin und Planeten her.

Hier ist es auch ganz schön.

Ich liebe diese Erde sehr.

Auch hier gibt es sehr viel zu seh'n.

Die Galaxien sie sind zwar herrlich.

Mit vielen Sternenhaufen.

Jedoch auch nicht ganz ungefährlich.

Dort oben würd ich mich verlaufen.

Ich schau ganz gern die Sterne an.

träum oft ich wäre dort.

Werd' sie besuchen irgendwann.

Und bleibe stets an diesem Ort.

Der Haufen

Es dröhnt und kracht in meinem Darm.

Ganz schnell renne ich zum Klo.

Nun muss ich pupsen, ohne Scham.

Gleich kommt er, ich bin froh.

Ich drück ganz fest und stöhn,

doch lange nichts geschieht.

Es nervt und ist nicht schön.

Doch plötzlich was dem Darm entflieht.

Der Haufen ist da, der Bauch ist flach.

Für heut hab ich die Nase voll.

Obwohl er kam mit ach und krach.

Ihn liegen sehen, ist doch toll.

Tratsch

Wieder Tratsch im Treppenhaus.

Die Olle von oben keift herum.

Da mach ich mir meist gar nichts
draus.

Ich denke mir mein Teil und bleibe
stumm.

In diesem Haus ist niemals Ruhe.

Das findet auch Herr März.

Stellt vor die Tür die
Gartenschuhe.

Ich komm gleich rauf, das ist kein
Scherz.

Frau Becker gesellt sich auch dazu.

Ja, sie kann ohne Tratsch nicht
leben.

Ruhe jetzt, macht eure Türen zu.

Ruft Frau Müller, sie wohnt
daneben.

Endlich wird es stille, alle gehen zu
Bett.

Kein Gekeife hört man mehr.

Wenn es so bliebe, das wäre nett.

Sonst steht das schöne Haus bald
leer.

Die Pfunde

Heute stand ich auf der Waage.

Viel fast vom Glauben ab.

War zu nix mehr in der Lage.

Hält mich etwas Sport auf Trab?

Es kann nicht sein, dass ich so
schwer.

Wie kam es nur, was ist
geschehen?

Der Kühlschrank ist doch ständig
leer.

Habe ich da was übersehen?

Mon Cherie hab ich vergessen.

Auch die geliebte Currywurst.

Ich darf es einfach nicht mehr
essen.

Trink nur noch Wasser für den
Durst.

Doch meine Waage ist stabil.

Die wird mich immer tragen.

Drum werd' ich naschen, was ich
will.

Noch ein paar Kilos wagen.

Putzfimmel

Schon wieder hat die Meier

den Lappen in der Hand.

Immer die gleiche Leier.

Sie wischt sogar den Bordsteinrand.

Wenn Herr Meier kommt nach Hause.

Ist er müde und will ruhen.

Schon beginnt die Lappensause.

Die Meier hat noch viel zu tun.

Kannst du nicht mal Pause machen.

Schimpft Herr Meier schrill.

Sonst pack ich gleich meine Sachen.

Dann kann ich ruhen so viel ich will.

Nein Erich, du bleib mal hier.

Ruft Else und poliert und lacht.

Ich mach dir Beine, das sag ich dir.

Wieder hast du Schmutz gemacht.

Drum streitet nicht, dass ist so dumm.

Gebt euch lieber einen Kuss.

Nehmt es dem anderen nicht krumm.

Wenn er unbedingt putzen muss.

Der Pickel

Oh Gott, was ist denn los.

In meinem Gesicht oh Graus.

Sitzt ein Pickel riesengroß.

Schnell muss er da raus.

Doch ganz einfach ist es nicht.

Man muss sich arrangieren.

Bis er verschwindet aus dem Gesicht.

Solltest du was drüber schmieren.

Doch irgendwann wird er verschwinden.

Es wird auch höchste Zeit.

Du wirst es überwinden.

Der nächste Pickel macht sich breit.

Der Popel

Lose sitzt er in meiner Nase.

Gleich habe ich ihn raus.

Klebe ihn an die Bodenvase.

" Mensch, nimm ein Tempo.", sagte Klaus.

Doch ich hab kein Tuch zur Hand.

Es ist doch eine Qual.

Ich kleb ihn einfach an die Wand.

Es war das letzte Mal.

Nun ist die Nase wieder frei.

Kein Popel stört mich mehr.

Und Tempo hab ich stets dabei.

Nicht mehr zu popeln fällt mir schwer.

Herzlichen Dank sagt das Autorenteam Sültz auf Sylt
Renate Sültz

FSC
www.fsc.org
MIX
Papier aus ver-
antwortungsvollen
Quellen
Paper from
responsible sources
FSC® C105338